knight
qí shì
骑士

T0057863

broom
sào zhou
扫帚

shark
Shā yú
鲨鱼

cat

māo mī

猫咪

mermaid
měi rén yú
美人鱼

bear
xióng
熊

castle
chéng bǎo
城堡

turtle
wū guī
乌龟

books

shū jí

书籍

angel
tiān shǐ
天使

footprints
jiǎo yìn
脚印

girl
nǚ háir
女孩儿

boy
nán háir
男孩儿

unicorn
dú jiǎo shòu
独角兽

doll

yáng wá wa

洋娃娃

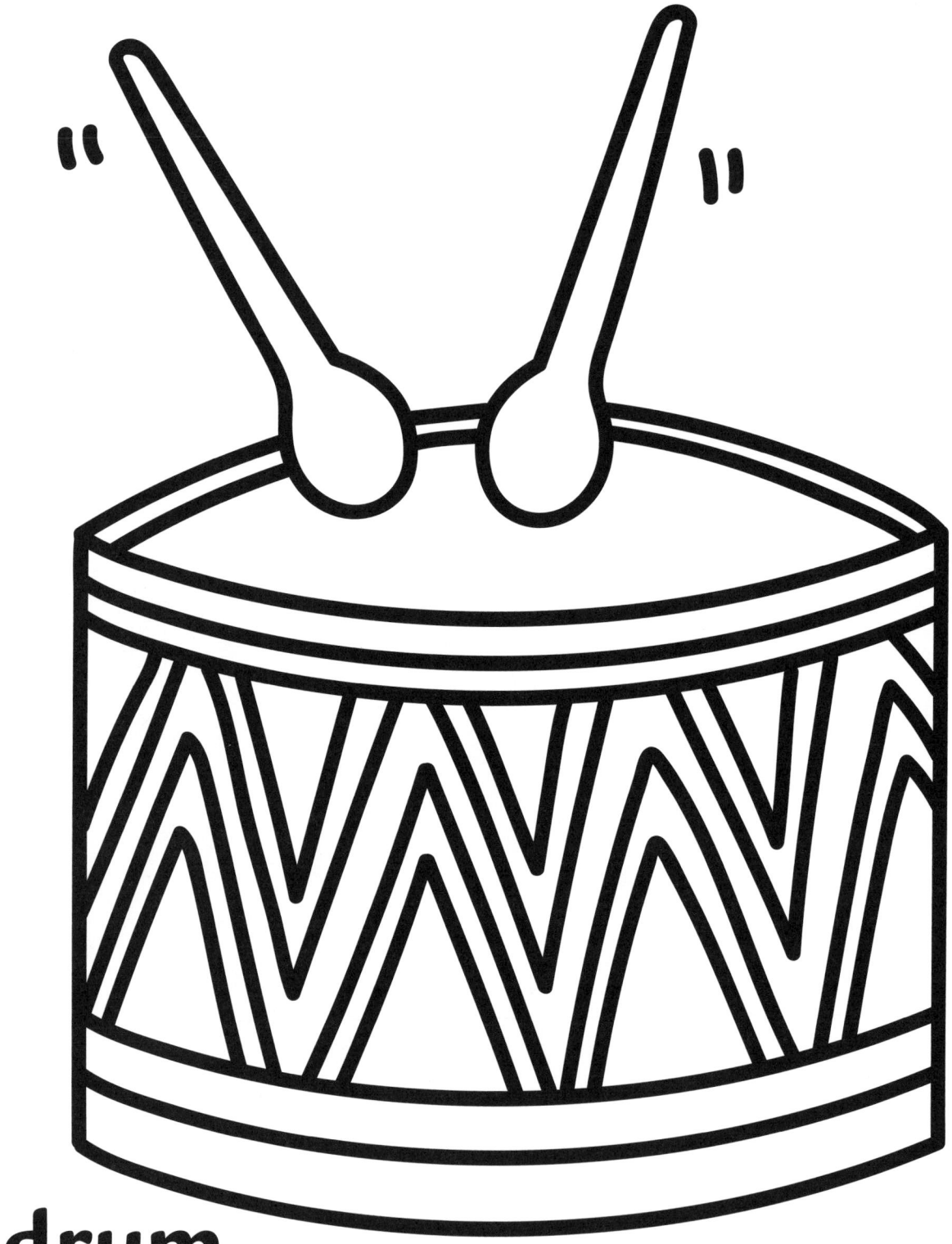

drum

gǔ

鼓

house
fáng zi
房子

ice skates
liū bīng xié
溜冰鞋

ice-skater
liū bīng zhě
溜冰者

sweater

máo xiàn shān

毛线衫

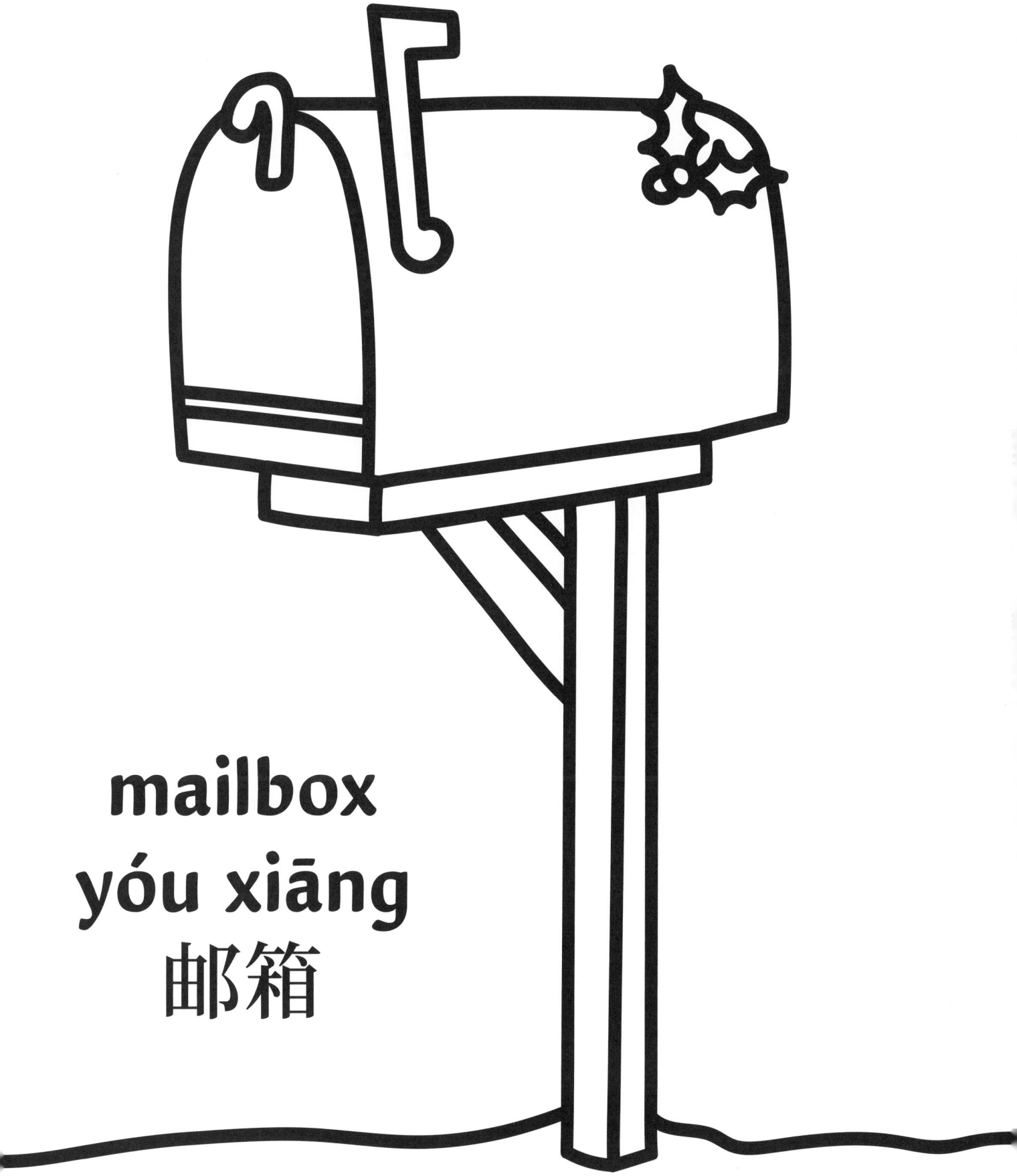
mailbox
yóu xiāng
邮箱

mittens
lián zhǐ shǒu tào
连指手套

nutcracker
hú táo jiā zi
胡桃夹子

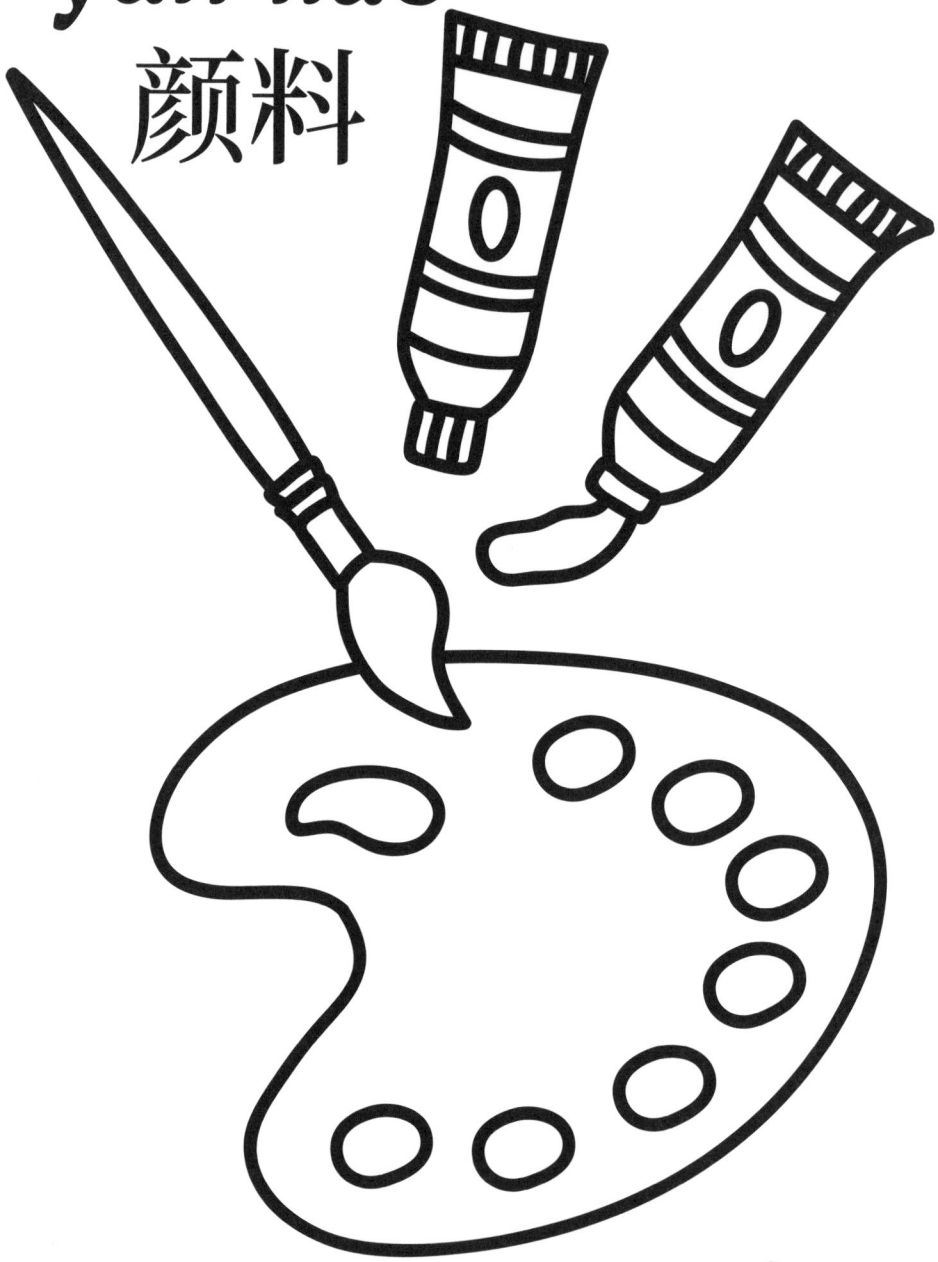

paint
yán liào
颜料

palette
tiáo sè bǎn
调色板

popcorn
bào mǐ huā
爆米花

gifts
lǐ wù
礼物

robot
jī qì rén
机器人

ski

huá xuě

滑雪

skis
huá xuě bǎn
滑雪板

snowboard
dān bǎn huá xuě bǎn
单板滑雪板

snowflake
xuě huā
雪花

snowflakes
hěn duō xuě huā
很多雪花

spinning top
tuó luó
陀螺

blocks

jī mù

积木

train
huǒ chē
火车

fossil
huà shí
化石

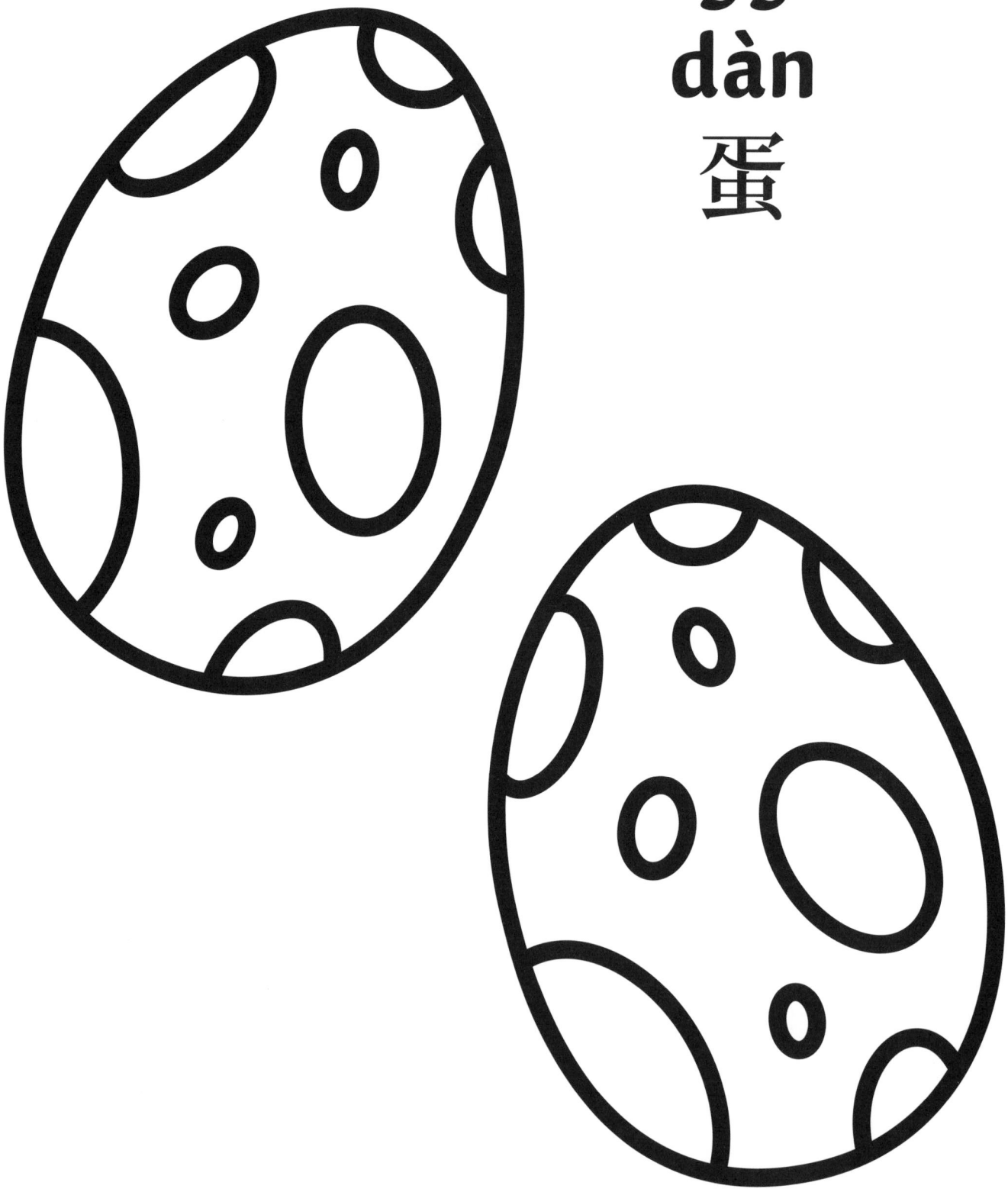

eggs
dàn
蛋

mushrooms
mó gu
蘑菇

palm tree
zōng lǘ shù
棕榈树

volcano
huǒ shān
火山

clock
zhōng
钟

cake
gāo diǎn
糕点

crowns

wáng guān

王冠

candy

táng guǒ

糖果

cup
bēi zi
杯子

cupcakes
zhǐ bēi dàn gāo
纸杯蛋糕

doughnut
tián tián quān
甜甜圈

ice skate

liū bīng xié

溜冰鞋

dress
lián yī qún
连衣裙

ball gown

lǐ fú

礼服

gift
lǐ pǐn
礼品

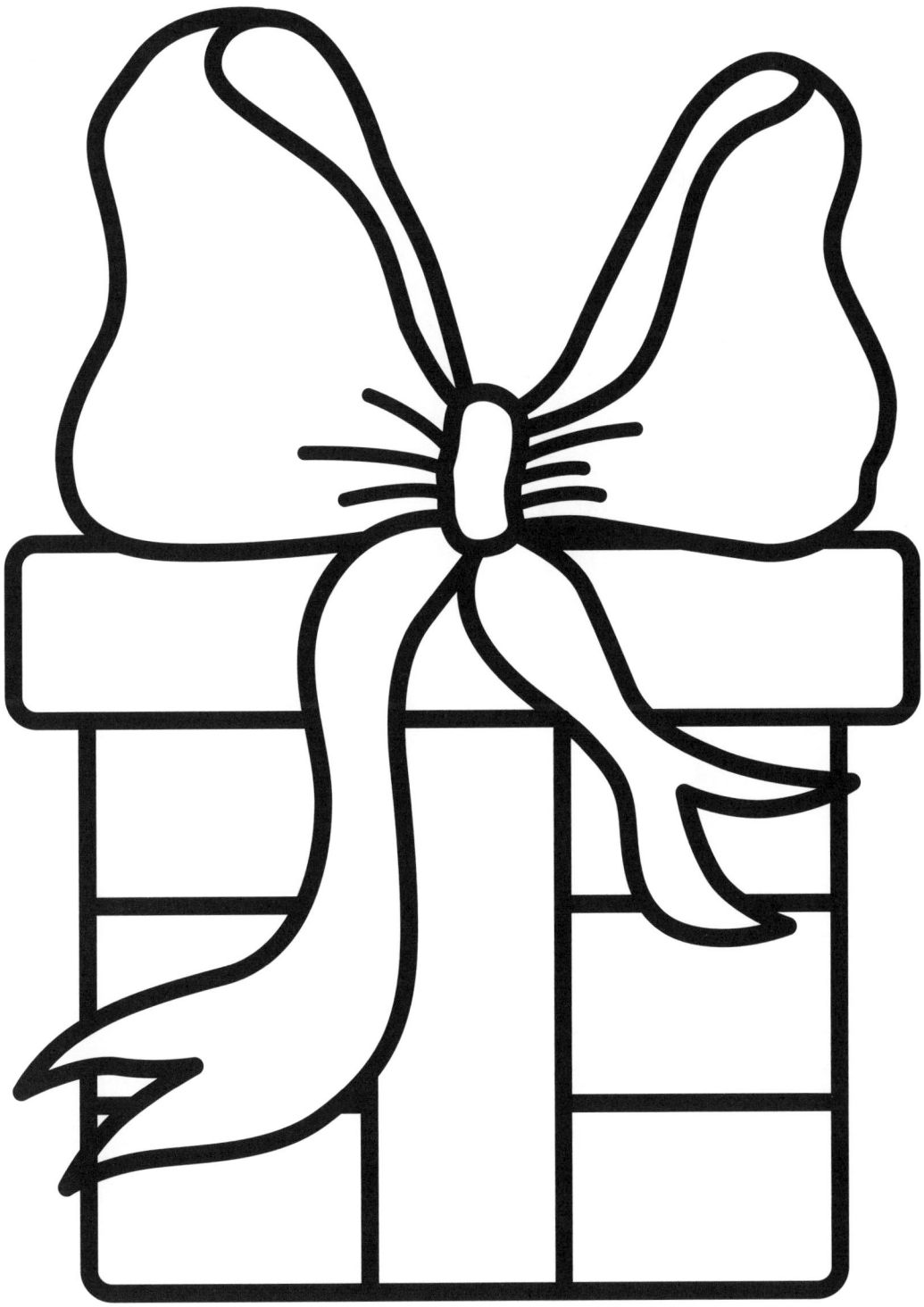

hat

mào zi

帽子

hot dog
rè gǒu
热狗

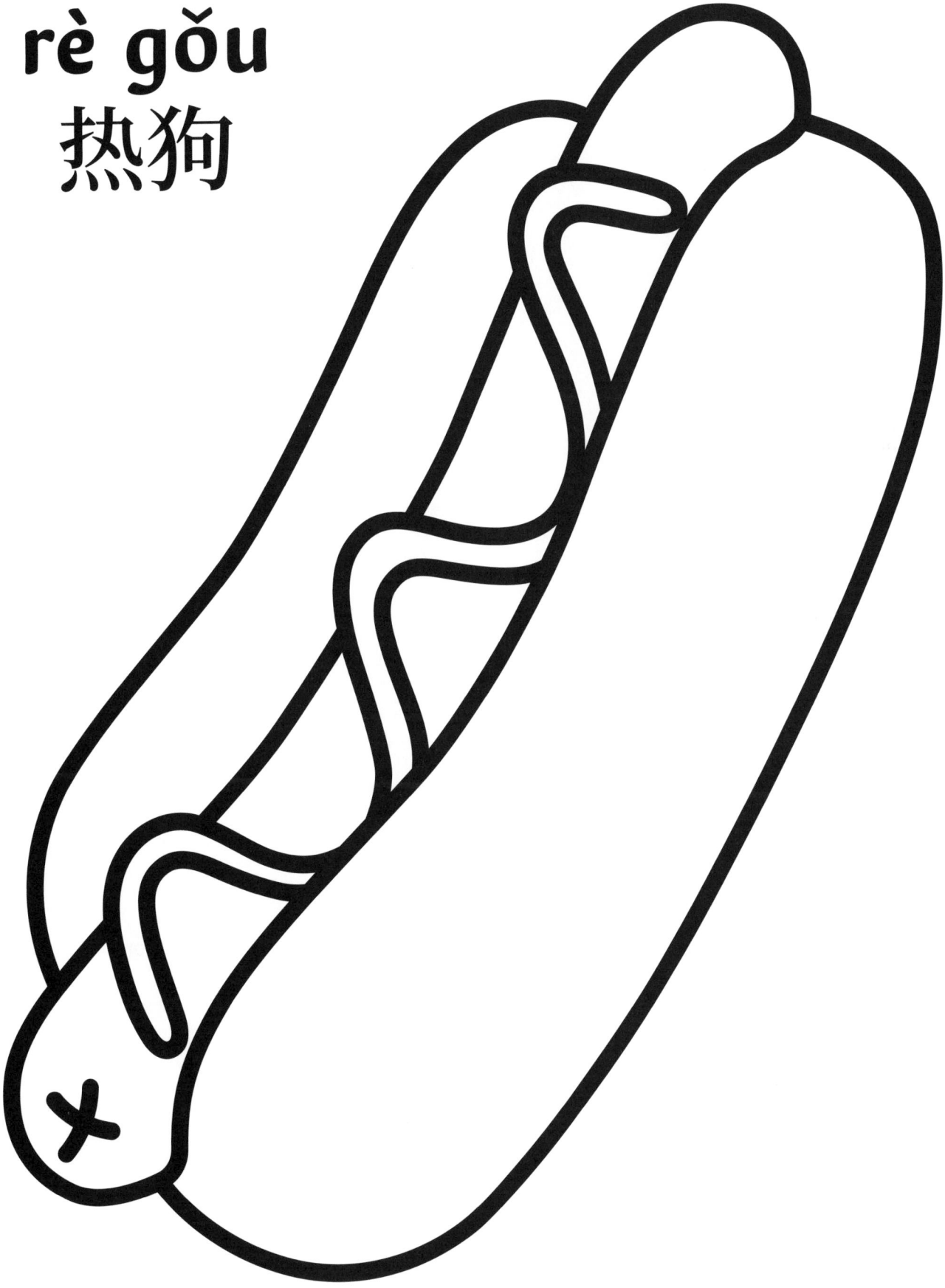

heart

xīn

心

hearts

xīn

心

king
guó wáng
国王

queen
wáng hòu
王后

knight
nán qí shì
男骑士

nǚ qí shì
女骑士

mirror
jìng zi
镜子

necklace
xiàng lián
项链

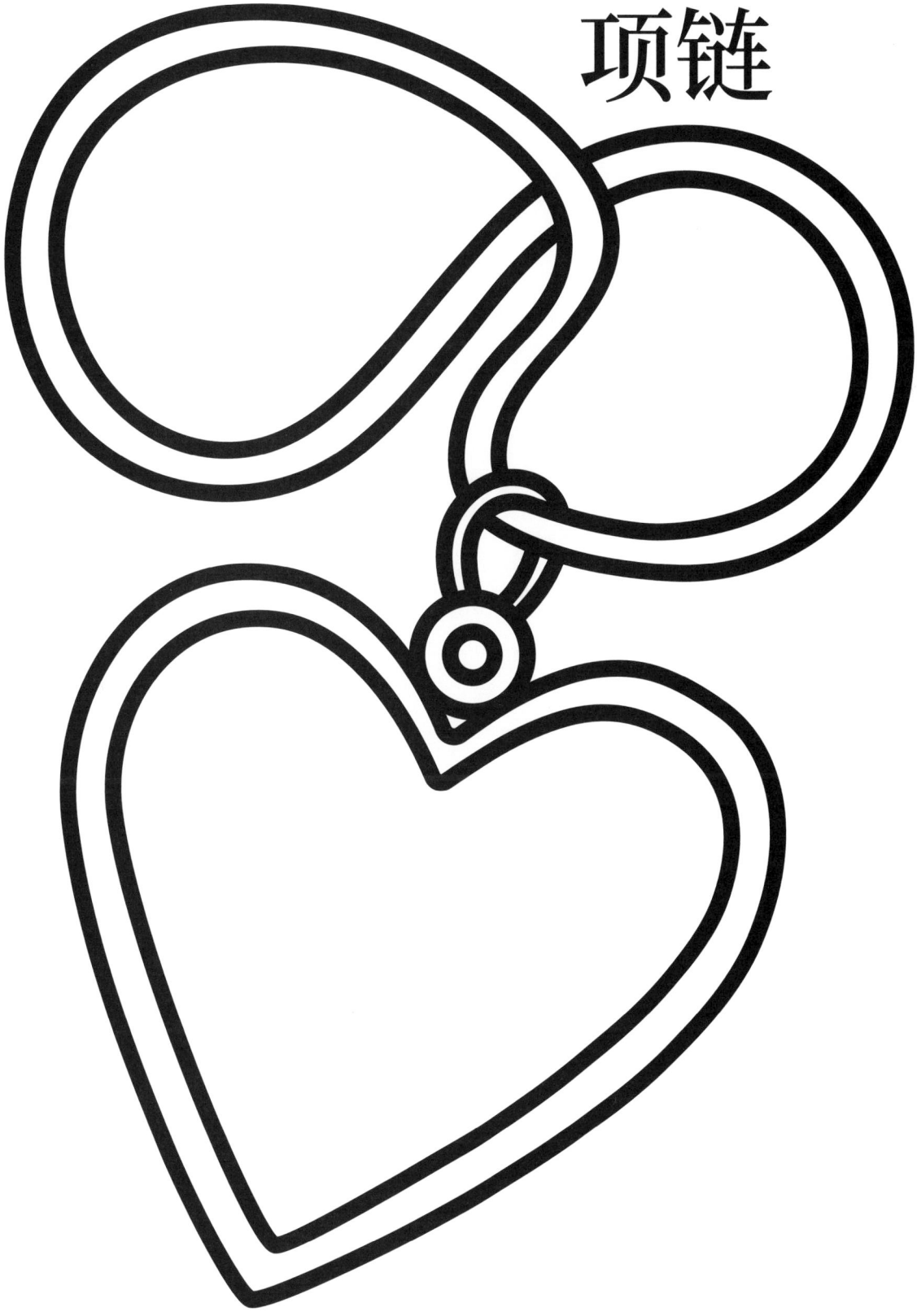

day
bái tiān
白天

night
hēi yè
黑夜

perfumes
xiāng shuǐ
香水

clam
gé lí
蛤蜊

pumpkin
nán guā
南瓜

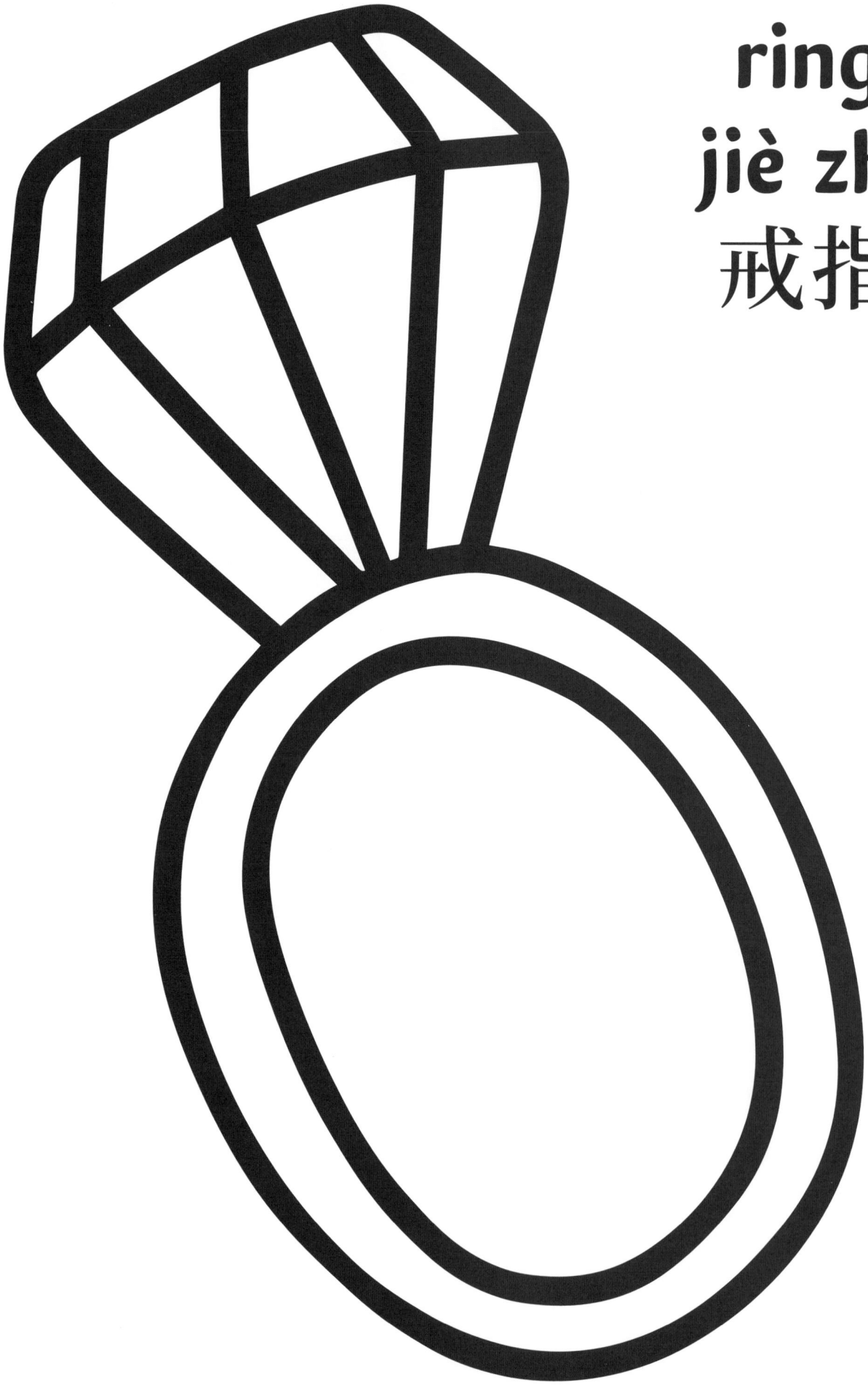

ring
jiè zhi
戒指

Earth
dì qiú
地球

tea
chá
茶

alien
wài xīng rén
外星人

globe
dì qiú yí
地球仪

monster
guài shòu
怪兽

monsters
hěn duō guài shòu
很多怪兽

moon

yuè liang

月亮

planet
xíng xīng
行星

planets
hěn duō xíng xīng
很多行星

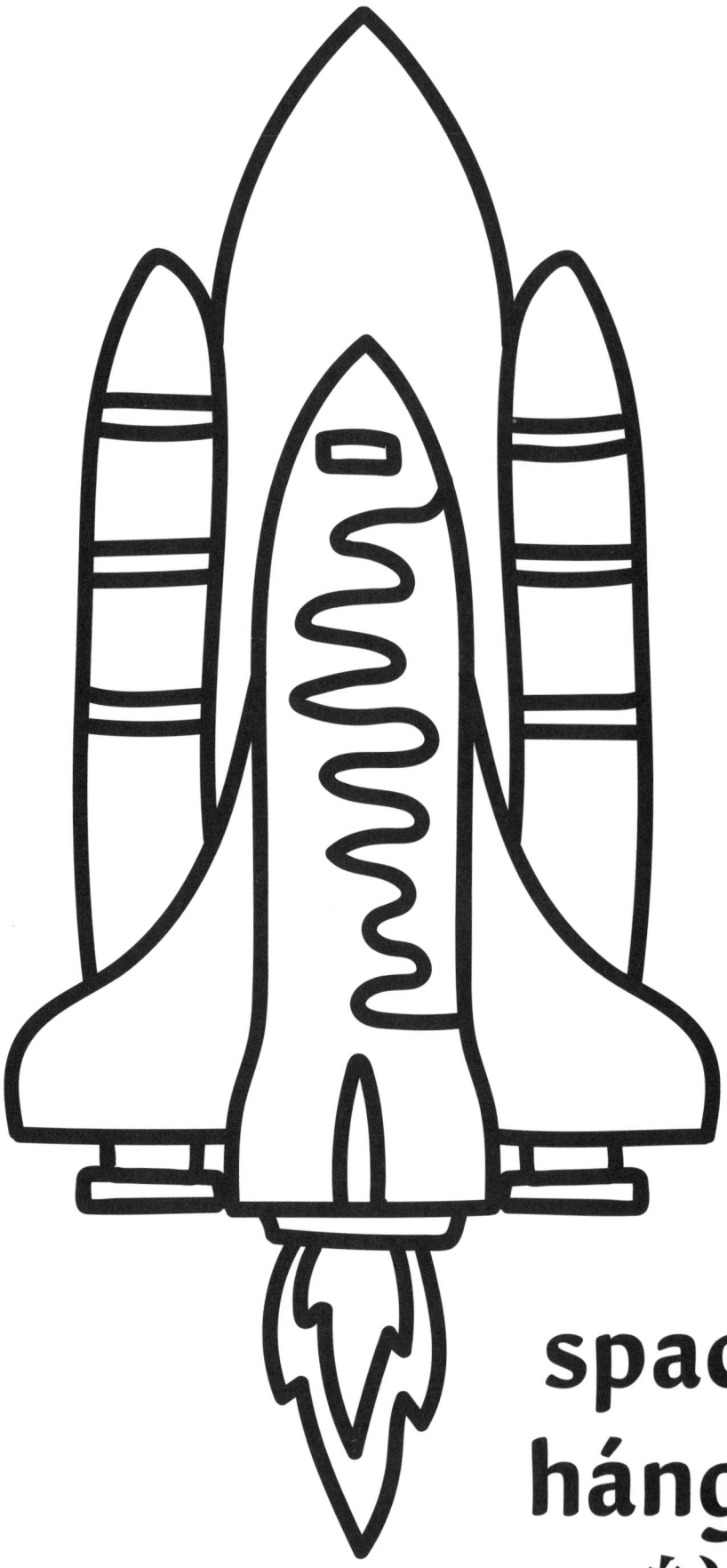

space shuttle
háng tiān fēi jī
航天飞机

rocket ship
huǒ jiàn fēi chuán
火箭飞船

rockets
huǒ jiàn
火箭

blast off

fā shè shēng kōng

发射升空

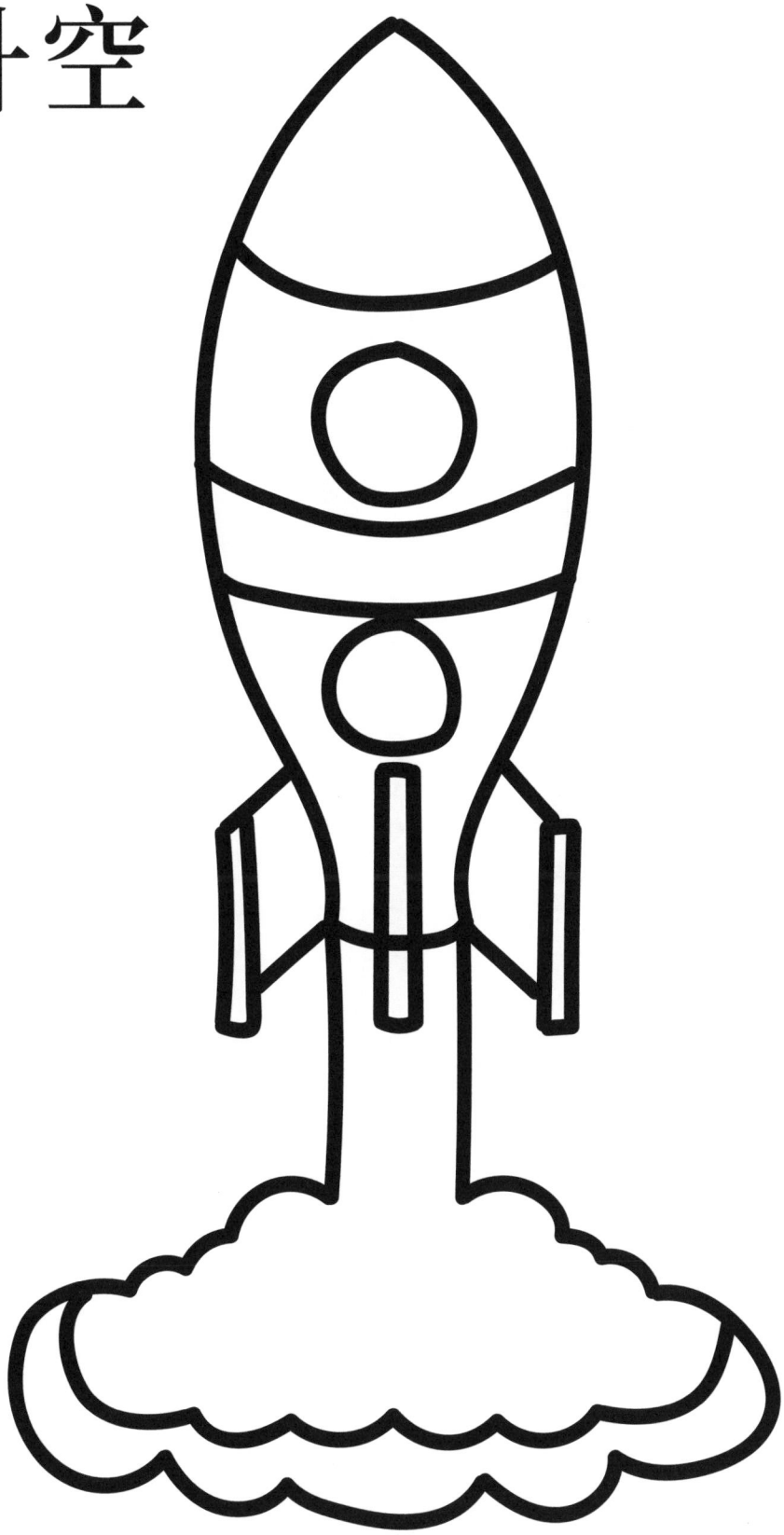

astronaut

nán yǔ háng yuán

男宇航员

astronaut
nǚ yǔ háng yuán
女宇航员

comet
huì xīng
彗星

rocket
huǒ jiàn
火箭

teacher
lǎo shī
老师

ambulance
jiù hù chē
救护车

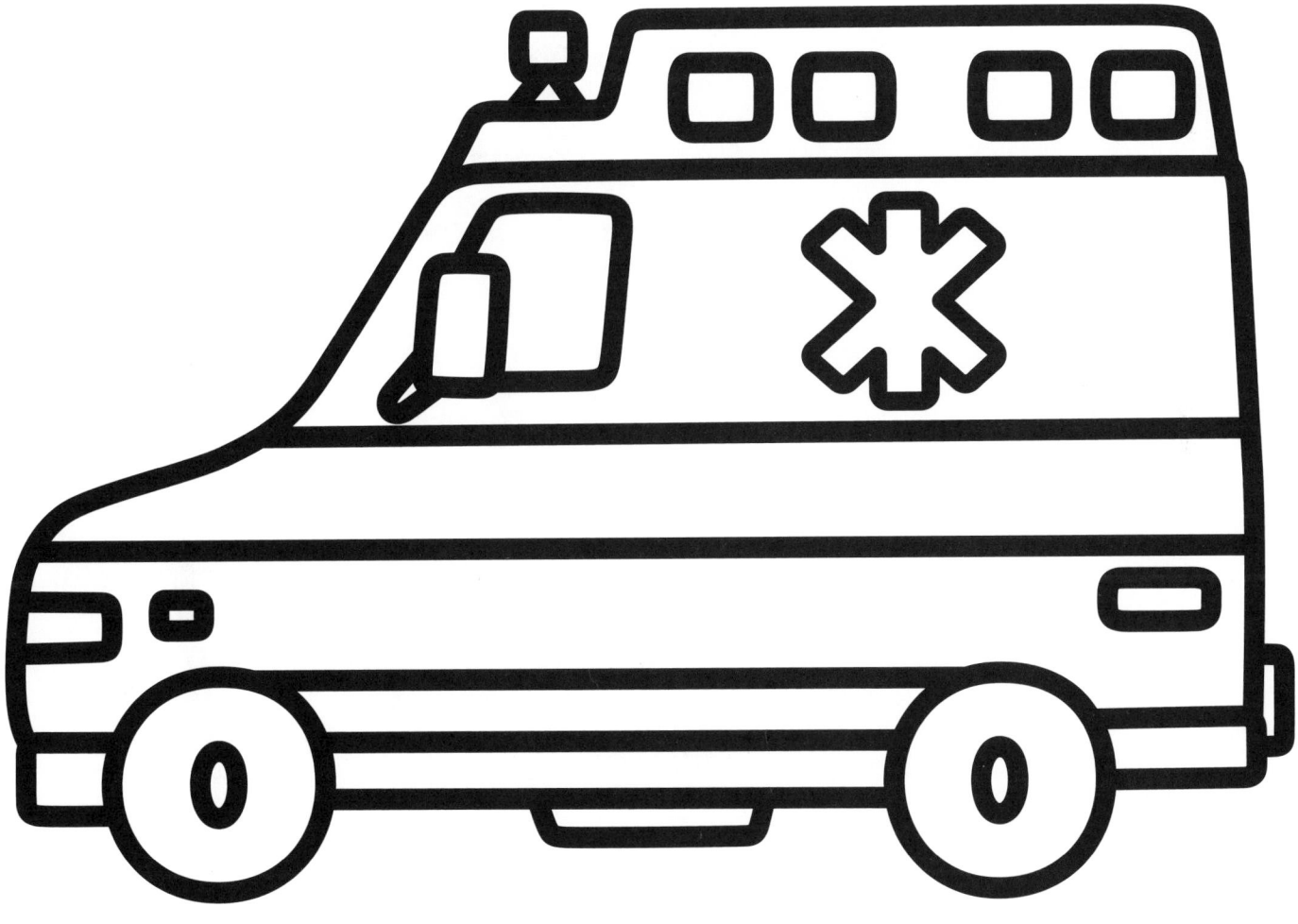

boot
xuē zi
靴子

bulldozer

tuī tǔ jī

推土机

bus

gōng gòng qì chī

公共汽车

traffic cone
jiāo tōng zhuī
交通锥

traffic cones
jiāo tōng zhuī
交通锥

mechanic
jī xiū gōng
机修工

excavator

wā jué jī

挖掘机

farmer
Nóng mín
农民

fire extinguisher
miè huǒ qì
灭火器

fire hydrant
xiāo fáng shuān
消防栓

firefighter

xiāo fáng duì yuán

消防队员

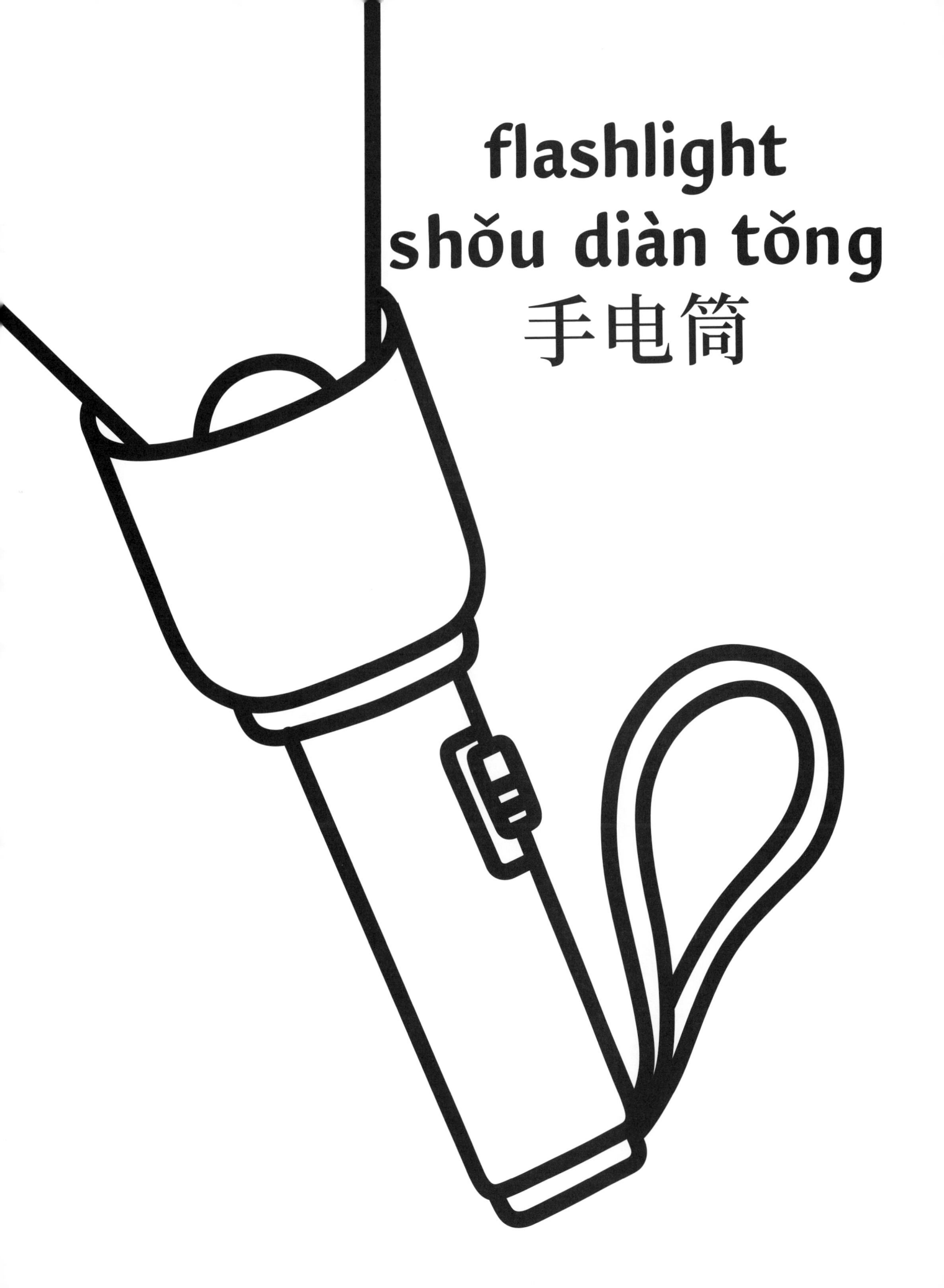
flashlight
shǒu diàn tǒng
手电筒

hot dog truck
rè gǒu chē
热狗车

garbage man
nán qīng jié gōng
男清洁工

garbage truck
lā jī chē
垃圾车

gas station
jiā yóu zhàn
加油站

fuel
rán liào
燃料

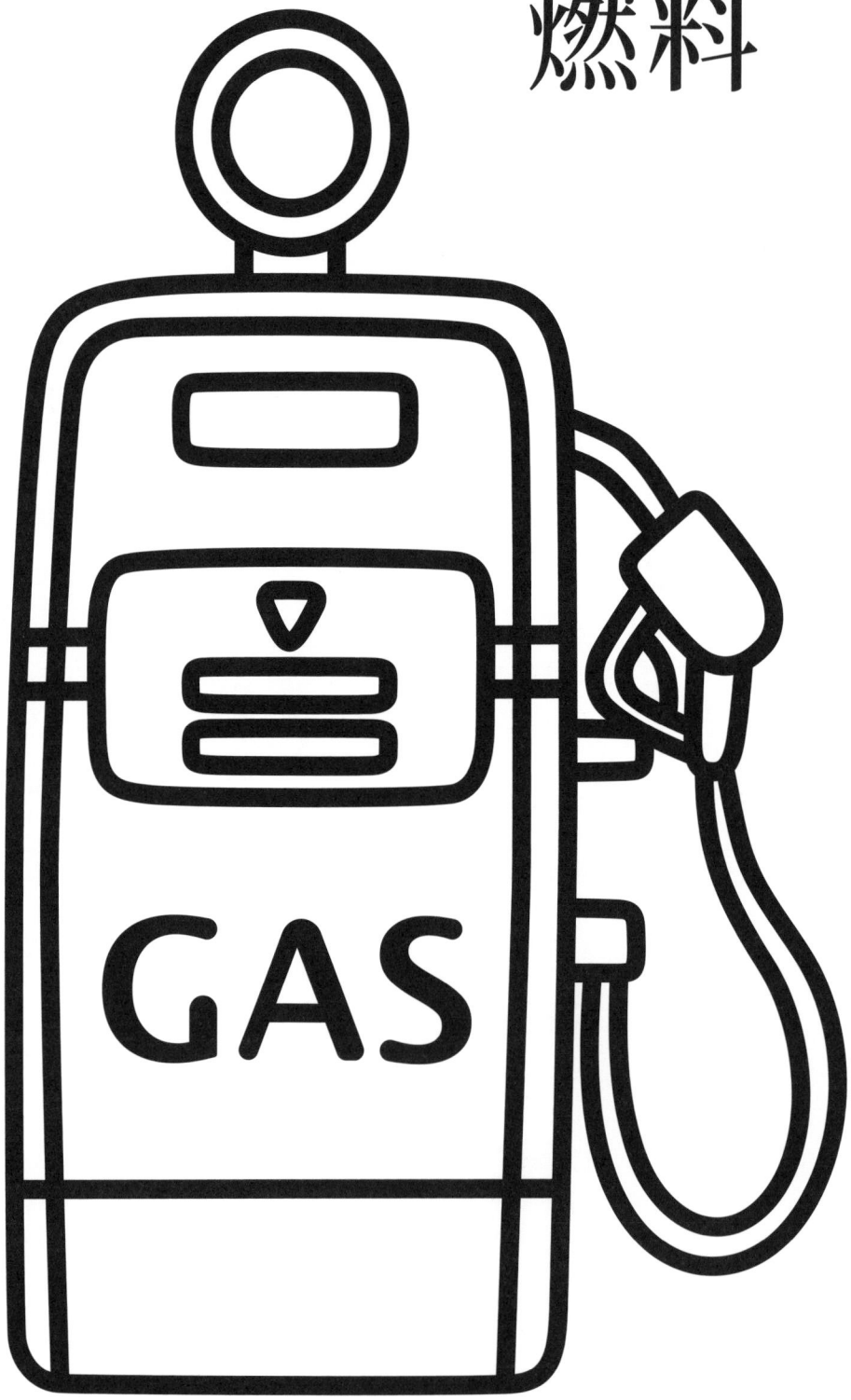

hard hat
ān quán mào
安全帽

ice-cream truck
bīng jī líng chē
冰激凌车

key
yào shi
钥匙

keys
yào shi
钥匙

mailbox
yóu xiāng
邮箱

mail truck

yóu zhèng chē

邮政车

map
dì tú
地图

passenger
nán lǚ kè
男旅客

passenger
nǚ lǚ kè
女旅客

pizza
bǐ sà bǐng
比萨饼

school bus

xiào chē

校车

snowplow
sǎo xuě chē
扫雪车

stop sign
tíng zhǐ biāo zhì
停止标志

crayons
là bǐ
蜡笔

taco truck

mò xī gē juǎn bǐng chē

墨西哥卷饼车

taco
mò xī gē juǎn bǐng
墨西哥卷饼

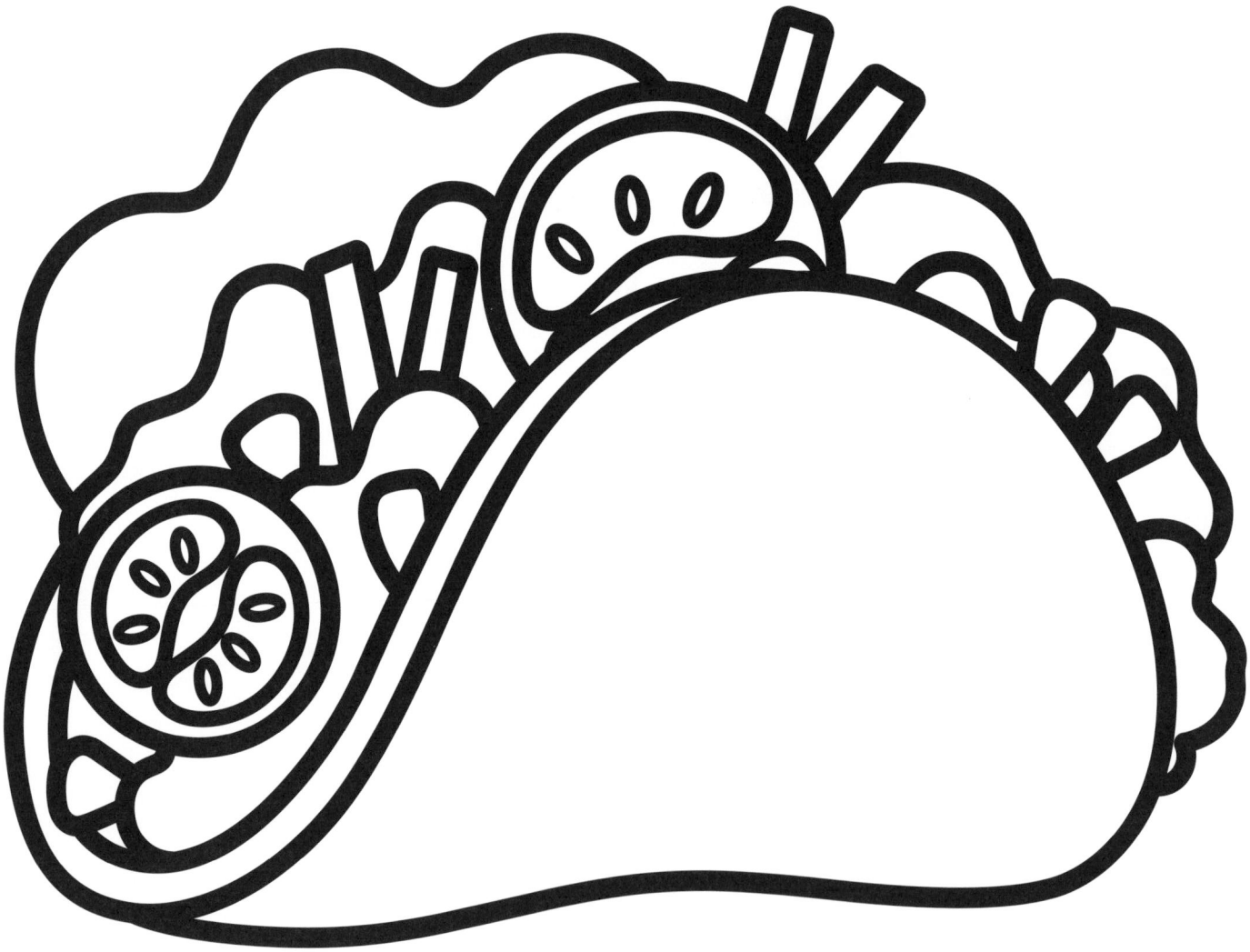

toolbox

gōng jù xiāng

工具箱

tractor
tuō lā jī
拖拉机

traffic light
jiāo tōng xìn hào dēng
交通信号灯

apple
píng guǒ
苹果

truck
kǎ chē
卡车

trucks
kǎ chē
卡车

vest
bèi xīn
背心

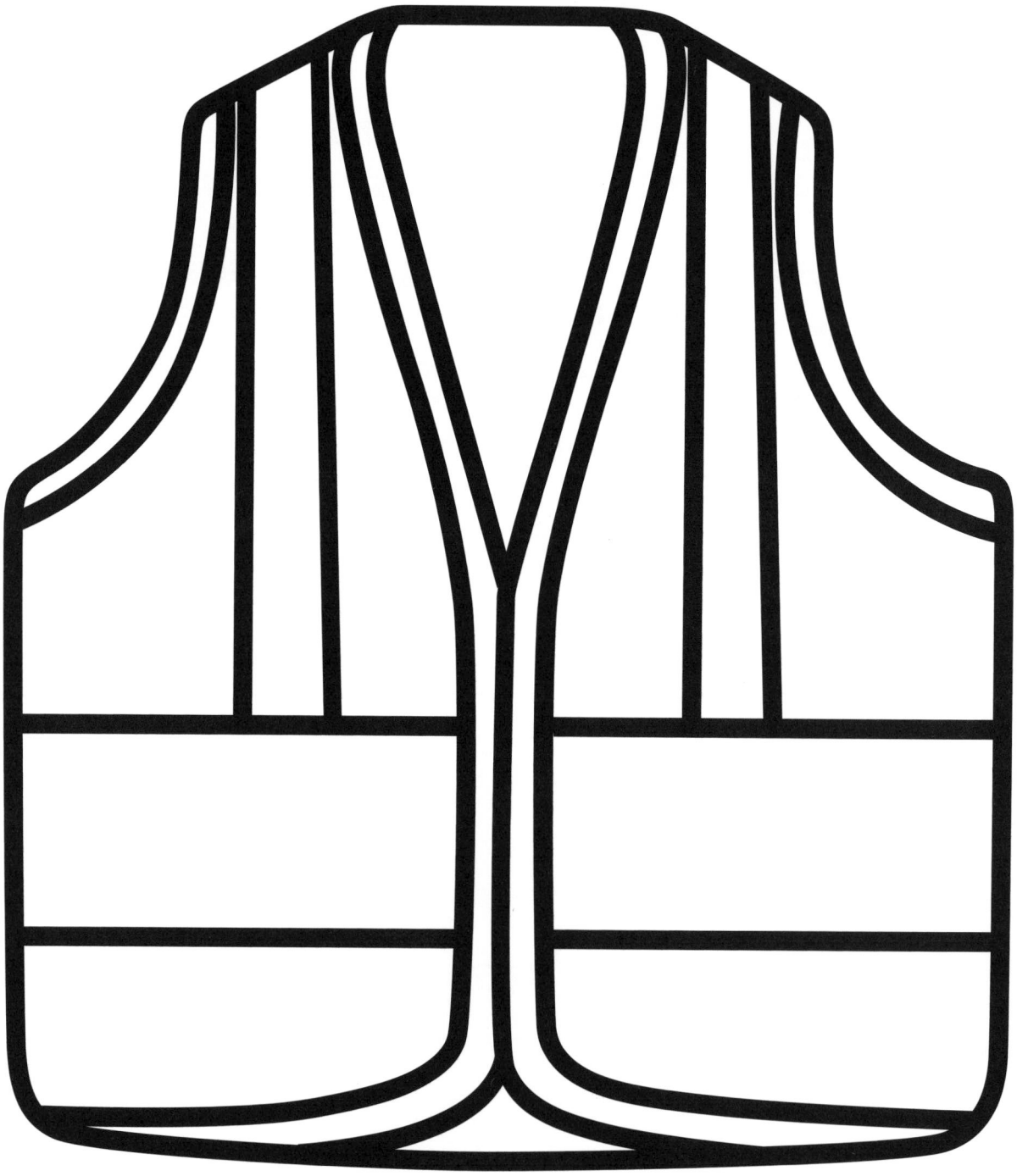

tires

lún tāi

轮胎

wrench
bān shǒu
扳手

apple tree
píng guǒ shù
苹果树

balloons
qì qiú
气球

bed
chuáng
床

bow
hú dié jié
蝴蝶结

butterfly
hú dié
蝴蝶

cake
dàn gāo
蛋糕

wizard
nán wū
男巫

dancer

wǔ dǎo yǎn yuán

舞蹈演员

dessert
tián diǎn
甜点

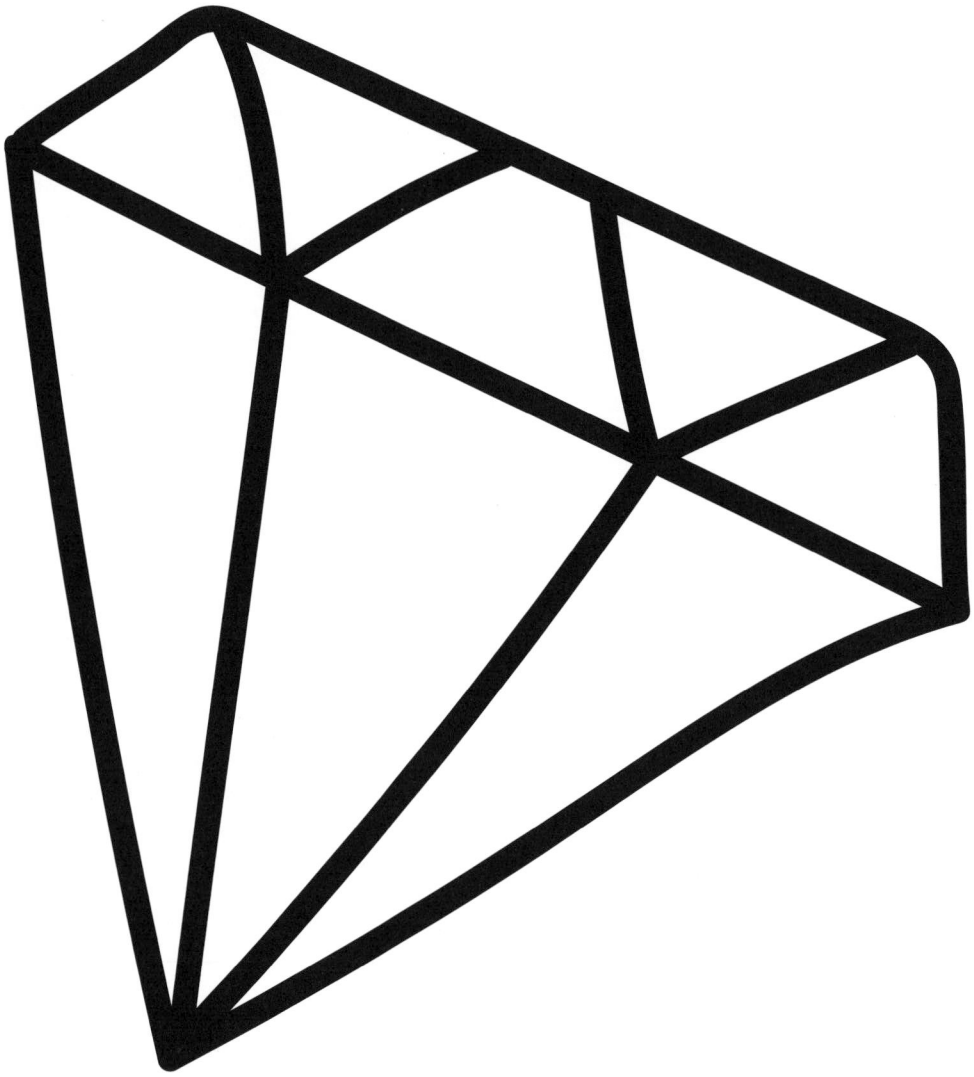

diamond
zuàn shí
钻石

doughnuts
tián tián quān
甜甜圈

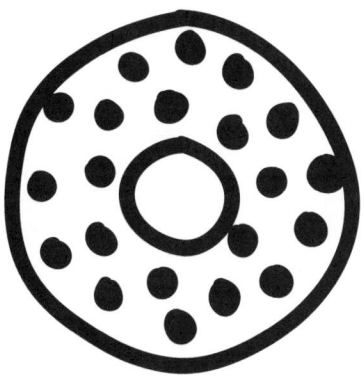

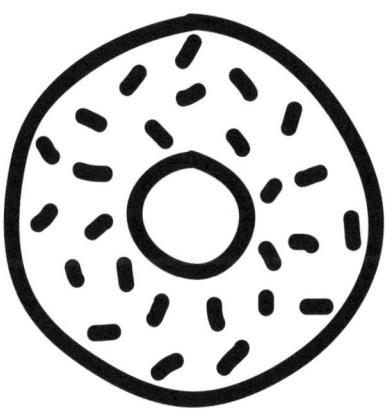

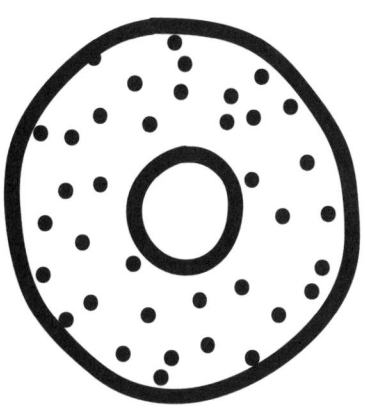

fairies
xiān nǚ
仙女

cupcake
zhǐ bēi dàn gāo
纸杯蛋糕

flower
huā
花

flowers
huā
花

gnome
tǔ dì shén
土地神

foal

mǎ jū

马驹

horse

mǎ

马

hot chocolate
rè qiǎo kè lì
热巧克力

ice cream

bīng jī líng

冰激凌

kite
fēng zheng
风筝

lollipop
bàng bàng táng
棒棒糖

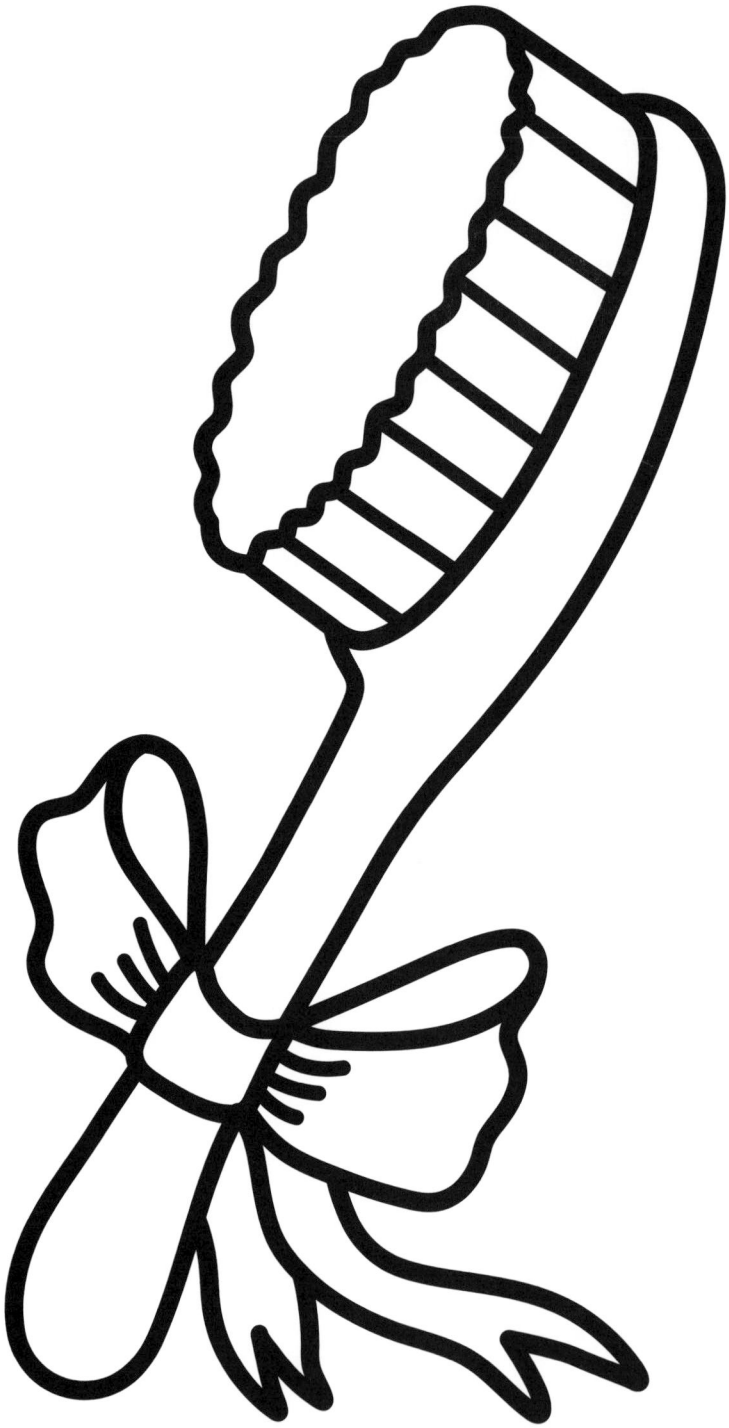

hairbrush

shū zi

梳子

mushroom

mó gu

蘑菇

music

yīn yuè

音乐

pirate
nǚ hǎi dào
女海盗

princess
gōng zhǔ
公主

prince
wáng zǐ
王子

rocking horse
yáo bǎi mù mǎ
摇摆木马

rose
méi guī huā
玫瑰花

seashells
bèi ké
贝壳

high heel shoe
gāo gēn xié
高跟鞋

snow globe
xuě jǐng qiú
雪景球

stars
xīng xing
星星

strawberries
cǎo méi
草莓

stuffed animal
tián chōng wán jù dòng wù
填充玩具动物

sun

tài yáng

太阳

sunflower
xiàng rì kuí
向日葵

treasure chest
cáng bǎo xiāng
藏宝箱

trophy
jiǎng bēi
奖杯

umbrella

yǔ sǎn

雨伞

watermelon

xī guā

西瓜

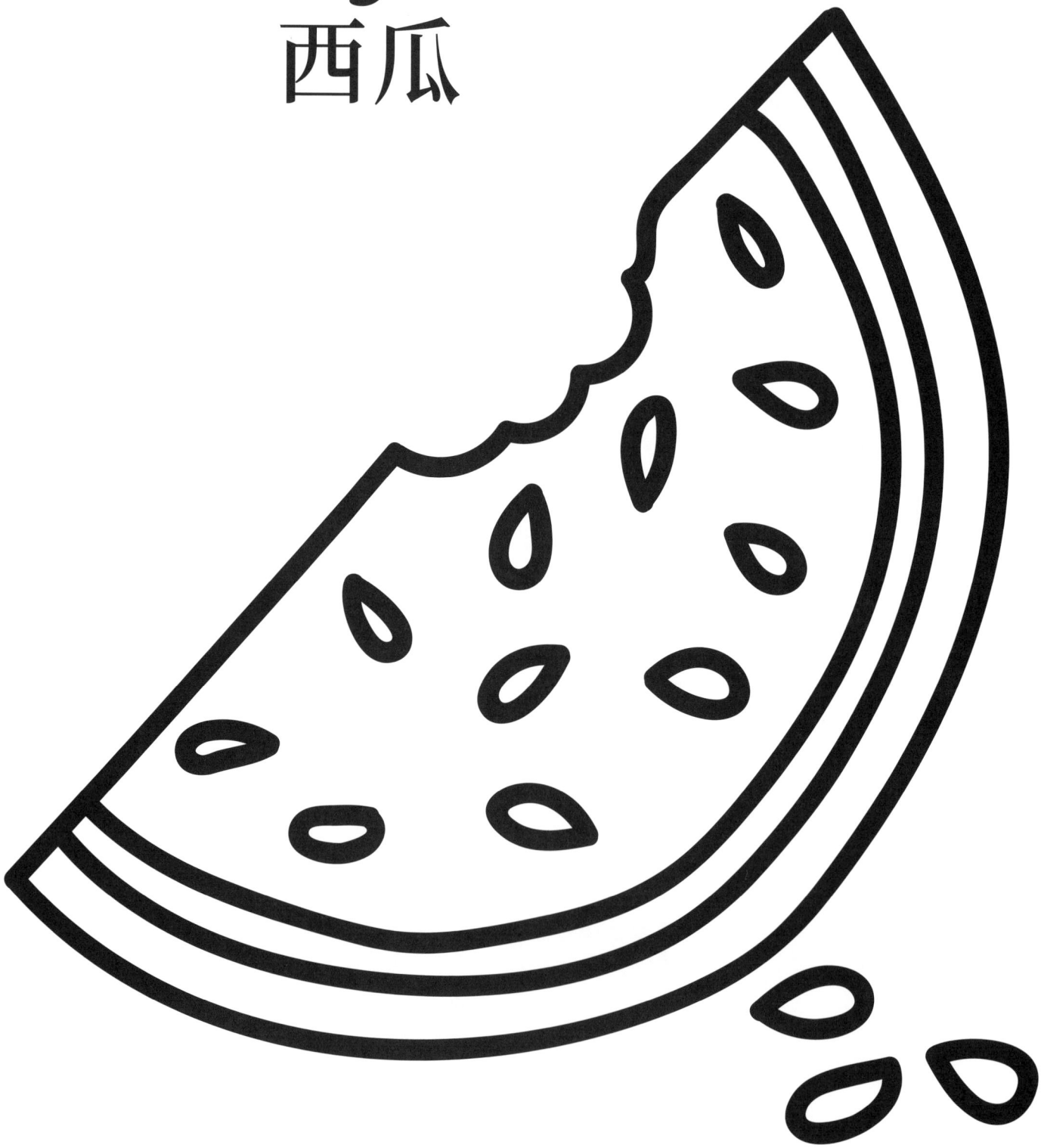

folding hand fan
zhé shàn
折扇

rocking chair
ān lè yǐ
安乐椅

merry go round

xuán zhuǎn mù mǎ

旋转木马

sunglasses
tài yáng jìng
太阳镜

apron

wéi qún

围裙

leaf
yè zi
叶子

leaves

yè zi

叶子

cat
māo mī
猫咪

dog
gǒu
狗

mask
miàn jù
面具

rainbow
cǎi hóng
彩虹

letter
shū xìn
书信

hot-air balloon

rè qì qiú

热气球

acorns
xiàng guǒ
橡果